Para Darnell y Jalen
—E. E.

Para mi esposo, Bagus, mis hijos, Augurius, Alfonsus,
y Clementine... mis rayos de sol
—E. A.

Este es el Sol

Escrito por **Elizabeth Everett**

Ilustrado por **Evelline Andrya**

Science, Naturally!
Un sello de Platypus Media, LLC

Este es el **Sol.**

Esta es la **luz** del Sol.

Este es el **árbol** que hace su comida con la luz del Sol.

Esta es la **flor** que empieza a brotar creciendo en el árbol

que hace su comida con la luz del Sol.

Este es el **bicho** que se sienta en la hoja y come la flor

que empieza a brotar creciendo en el árbol
que hace su comida con la luz del Sol.

Esta es la **araña** que teje su tela para atrapar al bicho

que se sienta en la hoja y come la flor
que empieza a brotar creciendo en el árbol
que hace su comida con la luz del Sol.

Esta es la **iguana** que lanza su lengua y apresa a la araña

que teje su tela para atrapar al bicho
que se sienta en la hoja y come la flor
que empieza a brotar creciendo en el árbol
que hace su comida con la luz del Sol.

Esta es la **serpiente** que abre su boca y caza a la iguana

que lanza su lengua y apresa a la araña
que teje su tela para atrapar al bicho
que se sienta en la hoja y come la flor
que empieza a brotar creciendo en el árbol
que hace su comida con la luz del Sol.

Esta es la **zorra** que callada acecha a la incauta serpiente

que abre su boca y caza a la iguana
que lanza su lengua y apresa a la araña
que teje su tela para atrapar al bicho
que se sienta en la hoja y come la flor
que empieza a brotar creciendo en el árbol
que hace su comida con la luz del Sol.

Esta es la **caca** que cayó al suelo a los pies de la zorra

que callada acecha a la incauta serpiente
que abre su boca y caza a la iguana
que lanza su lengua y apresa a la araña
que teje su tela para atrapar al bicho
que se sienta en la hoja y come la flor
que empieza a brotar creciendo en el árbol
que hace su comida con la luz del Sol.

Esta es la **Semilla** que viene del árbol y cae en la caca

que cayó al suelo a los pies de la zorra
que callada acecha a la incauta serpiente
que abre su boca y caza a la iguana
que lanza su lengua y apresa a la araña
que teje su tela para atrapar al bicho
que se sienta en la hoja y come la flor
que empieza a brotar creciendo en el árbol
que hace su comida con la luz del Sol.

Este es el **brote**
que crece de la semilla
y se orienta al Sol...

y este es el **Sol**
que genera este ciclo de vida.

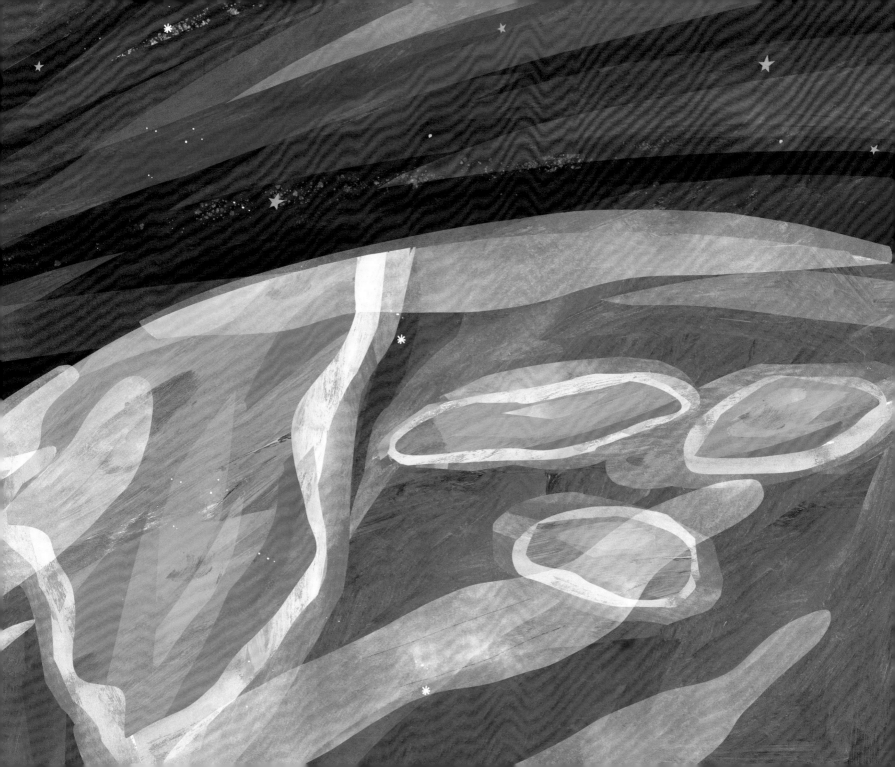

Acerca de la autora y de la ilustradora

Elizabeth Everett trabajó durante 16 años como maestra, antes de aventurarse como autora. Inspirada por su energético hijo, Jalen, quien amaba la lectura, combinó su experiencia como educadora y los intereses juveniles de su hijo. El resultado ha sido libros juveniles educativos y divertidos. Actualmente reside en Colorado con su familia, donde disfrutan tiempo al aire libre bajo el sol del oeste. Este es su primer libro para niños. Se la puede contactar vía Elizabeth.Everett@ScienceNaturally.com.

Evelline Andrya nació en Sumatra, Indonesia. Se crió en un entorno cultural mixto Chino-Javanés. Su pasión por las ilustraciones empezó a una muy temprana edad. Sus influencias incluyen las antiguas tarjetas ilustradas que descubrió en el cajón de su abuela, historietas ilustradas, libros de ilustraciones antiguos y películas animadas. Su estilo de ilustración combina medios de arte tradicional y collage digital. Vive en Jakarta con su esposo y sus tres hijos.

Este es el Sol
Paperback first edition • October 2022 • ISBN: 978-1-938492-84-6
eBook first edition • October 2022 • ISBN: 978-1-938492-85-3

Written by Elizabeth Everett, Text © 2022
Illustrated by Evelline Andrya, Illustrations © 2022

Project Manager, Cover and Book Design: Caitlin Burnham
Translator: Pilar Suescum
Spanish-language Editor: Andrea Batista
Editors:
Marlee Brooks
Hannah Thelen
Editorial Assistants:
Caitlin Chang, Sienna Sullivan, Amara Leonard

Available in English as This Is the Sun
English Hardcover first edition • October 2022 • ISBN: 978-1-938492-81-5
English Paperback first edition • October 2022 • ISBN: 978-1-938492-82-2
English eBook first edition • October 2022 • ISBN: 978-1-938492-83-9

Teacher's Guide available (in English) at the Educational Resources page of ScienceNaturally.com

Published by:
Science, Naturally! – An imprint of Platypus Media, LLC
750 First Street NE, Suite 700
Washington, DC 20002
202-465-4798
Info@ScienceNaturally.com • ScienceNaturally.com

Distributed to the book trade by:
        National Book Network (North America)
                301-459-3366 • Toll-free: 800-462-6420
                CustomerCare@NBNbooks.com • NBNbooks.com
        NBN International (worldwide)
                NBNi.Cservs@IngramContent.com • Distribution.NBNi.co.uk

Library of Congress Control Number: 2022935510

10 9 8 7 6 5 4 3 2 1

Printed in China.